AF262373

LES

COMMOTIONS POLITIQUES

DANS LEURS RAPPORTS

AVEC

L'ALIÉNATION

LES
COMMOTIONS POLITIQUES

DANS LEURS RAPPORTS

AVEC

L'ALIÉNATION

PAR

M. le Docteur COLLINEAU

Membre de la Société de médecine de Paris,
de la Société d'anthropologie,
de la Société médico-psychologique,
Secrétaire général de la Société médico-pratique de Paris,
Lauréat de l'Institut, etc.

(Mémoire lu à la Société médico-pratique, séance du 26 Juin 1872)

PARIS

TYPOGRAPHIE ET LITHOGRAPHIE DE FÉLIX MALTESTE ET Cie

RUE DES DEUX-PORTES-SAINT-SAUVEUR, 22

—

1873

LES

COMMOTIONS POLITIQUES

DANS LEURS RAPPORTS

AVEC

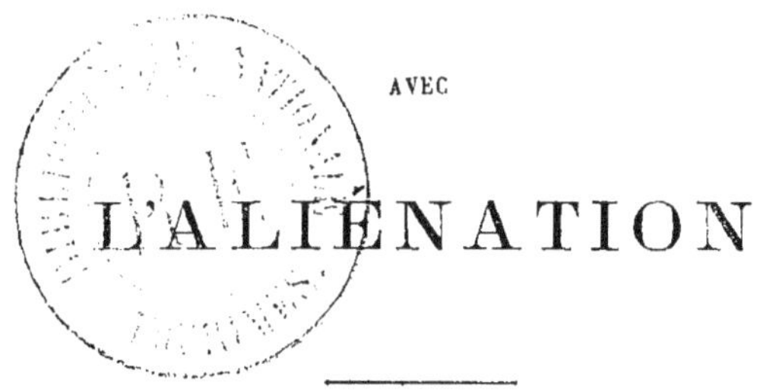

L'ALIÉNATION

Messieurs,

Avant de clore la discussion sur le sujet épineux que la Société médico-pratique n'a pas reculé à aborder : *De l'influence des commotions politiques sur le développement de la folie*, permettez-moi de vous soumettre quelques réflexions.

A propos d'un livre du docteur Laborde intitulé : *Les Hommes et les Actes de l'insurrection de Paris devant la psychologie morbide*, M. Belhomme nous a tracé un dramatique tableau des suprêmes déchirements de la lutte. Il a signalé chez un certain nombre des chefs du mouvement, un atavisme psycho-morbide positif, et chez quelques-uns un désordre des fonctions cérébrales confirmé. S'appuyant sur certains faits épisodiques, il a montré à quel degré d'éréthisme était parvenu le système nerveux de la plupart des combattants. Déduisant, enfin, des excès inhérents aux discordes civiles, la nécessité d'un état politique et social normal, il a explicitement, et en dernier lieu, conclu que portant à leur paroxysme les passions humaines, les commotions politiques devaient être tenues pour une cause occasionnelle et puissante d'aliénation.

— M. Bourdin a envisagé le problème sous un aspect différent. D'une manière générale, il y a lieu, a-t-il dit, de s'étonner de la force de résistance du cerveau humain aux émotions violentes d'essence révolutionnaire. La notoriété de quelques individualités qui succombent ne doit pas servir de base à une trop facile généralisation. La masse résiste ; car, à l'encontre de l'opinion vulgaire, l'issue des plus effroyables bouleversements n'entraine pas un surcroit sensible dans le nombre olu des aliénés. Les chocs successifs que vient de subir la France fournissent, à pui de cette assertion, un argument décisif. Les statistiques prouvent que depuis dernière guerre, — en dépit de sa brutalité, — le chiffre total des admissions dans asiles d'aliénés, pour l'un comme pour l'autre sexe, *a baissé d'un dixième*.

la vérité, parmi les nombreuses victimes dans le sang desquelles l'étranger a qué chacun de ses pas, il a dû se trouver beaucoup de malheureux atteints d'in- ité, soit confirmée, soit latente. De même, sans doute, emportés par l'ouragan de dissensions intestines, un très-grand nombre, frappés dans la mêlée, auront paru. Mais s'il est incontestable que les commotions politiques, agissant à l'instar oute cause occasionnelle, dégagent la folie, chez les sujets prédisposés, de son latent pour la faire passer à son état symptomatique, il ne faut toutefois rien gérer. Dans maint autre cas, les graves préoccupations sociales enrayent le délire tre de salutaire dérivation. Enfin, selon M. Bourdin, on ne doit pas perdre de que « l'égoïsme de l'aliéné le prémunit d'ordinaire contre les entraînements grandes passions patriotiques. »

observation scientifique ne constate point, en semblable occurrence, l'apparition types nouveaux d'aliénation. Le délire ne diffère que dans son objet.

onclusions principales : Si la diminution des admissions dans les asiles n'im- que pas un abaissement dans le nombre absolu des aliénés, elle est au moins preuve de la non augmentation de ce chiffre. Les événements politiques exer- t sur le développement de la folie une influence secondaire et bornée au rôle causes occasionnelles. Ils servent de texte au délire et lui donnent un objet, à la n de toutes les idées dominantes.

ans sa réplique, M. Belhomme a fait remarquer que la diminution apparente du ffre des aliénés depuis les derniers événements, peut tenir à ce que, pendant la rre étrangère comme pendant la guerre civile, l'observance des règlements rela- au placement des malades dans les asiles a été hérissée de difficultés. Suspen- t à cet égard tout jugement définitif, et le subordonnant aux termes d'une statis- ue générale comprenant les asiles privés aussi bien que les asiles publics, Belhomme a maintenu son opinion initiale.

our se tenir en garde contre les conclusions de statistiques prématurées, M. Rou- a fait valoir les lenteurs souvent extrêmes de la période d'incubation dans la e. La diminution du nombre des aliénés depuis deux ans pourrait bien n'être une circonstance transitoire. « Rien ne prouve que la liquidation soit déjà e. »

MM. Groussin, Aubrun et Labarraque ont signalé divers cas dans lesquels, à clusion de toute autre influence appréciable, le contre-coup des émotions éprou- s pendant la guerre a déterminé l'aliénation.

M. Bourdin a insisté sur l'écueil des raisonnements purement théoriques et la

trop facile tendance, en médecine, à rattacher par une logique douteuse les circor
tances ultérieures au fait qui les a précédées immédiatement.

Quant aux moyennes statistiques, leur uniformité est sensible lorsqu'on opère
des périodes décennales. Cette uniformité s'explique par l'application, dans la n
ture, de la loi de sélection. « Les faibles succombent, les forts résistent ; le milieu
trouve, pour un temps, épuré ; la compensation s'établit. »

Changeant la question de terrain, M. CHAPPUIS l'a fait entrer dans le doma.
de l'histoire. Qu'on se reporte à chacune des étapes parcourues par notre grande
volution, et qu'on fouille dans la vie des hommes qui y ont rempli un rôle prépc
dérant, en pourrait-on citer beaucoup dont les fonctions psycho-cérébrales se soi
perverties ou affaissées ? A ceux de 1789, à ceux de 1830, à ceux de 1848, qui
sont consacrés sans réserve à la régénération de la patrie, ce n'est pourtant ni
émotions multiples, ni les angoisses poignantes, ni le labeur excessif qui ont me
qué. Vivifiées par l'énergie, l'amplitude, la constance même de l'effort, leurs ap
tudes, au contraire, ont grandi. La mauvaise fortune les a trouvés, tout aussi b
que la bonne, égaux à eux-mêmes. — Si les commotions de la politique ébranl
jusqu'à la chute les esprits hésitants et mal équilibrés, elles n'exercent pas sur l'
tendement de l'homme une influence perturbatrice tellement directe, elles ne se
pas pour le patriotisme désintéressé une épreuve si rude, que les caractères vir
n'en puissent sortir fortifiés.

M. GIRAULT s'est appuyé sur des statistiques comprenant une période de qu
rante ans, avec divisions relatives à l'état civil, au climat, aux professions, pc
considérer les préoccupations exclusivement intellectuelles comme ne fournissa
pas à l'aliénation un contingent plus fort.

L'inégalité d'équilibre dans la dépense quotidienne des forces dont l'organisi
dispose constitue, ici par indigence, là par excès d'action, une cause plus directe
perturbation mentale que la nature des occupations même.

— J'ai cru utile de résumer brièvement l'argumentation de chacun des membres
la Société qui ont pris part à la discussion, afin de mieux vous faire saisir les phas
qu'elle a traversées. Il me semble, en vérité, Messieurs, que l'accord entre nous n'e
pas loin d'être parfait. Il se peut qu'il subsiste des dissidences. Elles portent, à to
prendre, sur des points de détail : degré, fréquence, intensité. Mais, en principe,
sommes-nous pas unanimes à admettre que les commotions politiques, ainsi q
toutes les causes d'émotions profondes, puissent être l'occasion de l'explosion de
folie ; et l'est-on moins à refuser à cette influence pathogénique occasionnelle u
action spéciale, *sui generis*, c'est-à-dire de nature à engendrer des formes distinct
et correspondantes d'aliénation ?

A cet égard, cette proposition de M. Bourdin renferme l'expression de la stricte éalité : « *Le délire s'inspire des idées dominantes et reflète l'esprit public.* »

Une récente étude du docteur Onimus : *De l'état mental de la population de Paris endant les deux siéges* (*Philosophie positive*, mars-avril 1872), la confirme de tout oint. M. Onimus y met en relief les transformations opérées dans le thème des conceptions délirantes écloses sous l'influence des événements sociaux, concurremment à l'évolution de ces événements.

Aux jours à jamais néfastes où celui qui détenait le pouvoir, mû par l'égoïste intérêt de sa race, jetait la nation dans la plus aveugle des entreprises, ce n'était que missions célestes près de la personne auguste de l'empereur.

A Sedan, il s'abat; la scène change. Le tocsin, le galop des chevaux, la crépitation de la fusillade, le sinistre bruit du canon, la peur, alimentent le délire des hallucinés.

Dans Paris, c'est la haine du Prussien et des Bonaparte. A l'un a été révélé un secret pour empêcher les batailles. L'autre a découvert un procédé infaillible pour défaire l'ennemi d'un coup. Il pullule des Jeanne d'Arc.

L'inanition de la fin du siége, et l'abus général du pain trempé dans le vin comme aliment, développent chez des personnes habituellement sobres les troubles sensoriels de l'alcoolisme.

Avec l'énervante monotonie et les scènes navrantes du bombardement, se multiplient les cas d'obtusion stupide avec immobilité, insensibilité absolues ou hallucinations terrifiantes.

L'explosion du 18 mars, à son tour, ouvre largement la scène aux paralytiques généraux. « Le paralytique général, dit judicieusement M. Onimus, se mêle volontiers aux mouvements populaires. Il aime à prophétiser, à prêcher, à exposer ses systèmes.... » Le propre, en effet, de la transformation psychique liée à la lésion cérébrale dans la paralysie générale, est d'obscurcir chez le malade la conscience du danger et le sentiment de la réserve qui n'abandonne jamais absolument l'homme en santé. Aussi s'engage-t-il, de gaieté de cœur, dans des complications inextricables.

Bientôt les cas d'alcoolisme et de *delirium tremens* s'élèvent au quadruple. Enfin, après la lugubre semaine de mai, la terreur des Versaillais, la crainte d'être fusillé, des visions d'incendies et de massacres, des accusations imaginaires, servent de canevas au délire.

Toutes ces assertions reposent sur des faits précis.

Ce côté de la question peut donc, à bon droit, passer pour nettement élucidé. En peut-on dire autant des autres?

Pour justifier mes réserves, laissez-moi revenir au point de départ de la discussion : au livre de M. Laborde.

Après avoir constaté la présence, parmi les chefs de l'insurrection, d'individualités notoirement atteintes d'insanité; après avoir soigneusement cherché dans l'atavisme des autres, et découvert pour certains, des preuves indéniables de prédisposition aux affections mentales, M. Laborde développe cette doctrine plus spéculative que physiologique qui tend à placer la folie sur les confins de la raison, « à établir entre les effluves de l'intelligence et le délire, ... entre les attributs supérieurs de l'intellect et les prédispositions psycho-pathiques, d'étroites et nombreuses connexités. »

Faisant valoir l'état d'excitation passionnelle qui, dès les premiers jours, agitait les dissidents; invoquant, à l'appui de sa thèse, la complication d'intoxication alcoolique parvenue, sur la fin, à un degré de généralisation exorbitant, il essaie de soutenir les propositions énoncées dès les premières pages de son livre et contenues dans les mots de : *folie collective, maladie sociale, vent de folie.* Il conclut enfin (p. 146) que « le mot de folie qui est dans toutes les bouches à propos des derniers événements, est aussi dans la réalité. .... »

— Déraison, soit. Folie, non. La distinction est capitale.

Si l'on était moins préoccupé des rapports de similitude qui peuvent exister entre les manifestations du cerveau à l'état sain et du même organe troublé dans son fonctionnement par quelque lésion morbide, et qu'on se montrât plus attentif à discerner les signes caractéristiques des diverses modalités pathologiques auxquelles le système cérébro-psychique de l'homme est enclin, on ne prendrait pas aussi aisément le change, et l'on ne représenterait pas toujours, comme près de glisser sur la pente de l'aliénation, les esprits dont les manifestations dénotent une bouillante suractivité.

Les affections, les sentiments, les instincts, les passions, la placidité même ont leurs erreurs qui conduisent à des actes intempestifs ou déraisonnables. La folie a les siennes qui se traduisent par des signes cliniques définis. — Là est la question.

C'est dans le diagnostic différentiel entre l'erreur physiologique et l'erreur pathologique qu'elle réside.

Qu'en vertu de prédispositions personnelles ou héréditaires fécondées par des influences de milieu favorables à la genèse de l'aliénation, un individu en ait donné des signes plus ou moins patents, ses actes sont susceptibles encore, selon le mobile qui y préside, ou de porter l'empreinte maladive, ou d'en rester absolument purs. A plus forte raison, pour qu'on soit en droit de taxer de psycho-morbides les faits et gestes d'une collectivité d'individus, faudrait-il qu'ils soient marqués au coin d'une des aberrations par lesquelles le caractère des diverses formes mentales se spécialise.

Autrement, les actes du groupe, si inopportuns, si déraisonnables soient-ils, ne sauraient être entachés par l'élément pathologique devenu ostensible chez quelques-uns, en particulier, des membres dont ce groupe est composé.

Les commotions politiques n'exercent pas sur l'entendement une perturbation assez prépondérante pour engendrer des formes mentales d'un ordre nouveau. Pour statuer scientifiquement sur la valeur pathologique ou non de *l'erreur* qu'ils expriment, il faut donc chercher parmi les formes étudiées de la folie s'il en est qui impriment leur cachet spécial aux événements à qualifier.

Selon que le pouvoir de former un raisonnement (le *pouvoir syllogistique*, pour employer la désignation choisie par M. Delasiauve) est compromis ou respecté, le *délire* se produit *général* ou *partiel*.

Parmi les aliénations à délire général, la *manie*, qui en est le type, a pour signes l'incohérence, la dissociation, le disparate des idées. Au degré atténué de simple excitation, le malade, instable dans ses conceptions, passe incessamment encore de l'irritabilité à l'expansion joyeuse, de la retenue au cynisme, de l'égoïsme à la générosité, de la défiance outrée à l'aveugle abandon. . . .

Dégénération habituelle de la manie, la *démence* se caractérise par l'impuissance psycho-cérébrale, le vague des conceptions, les lacunes de la mémoire, l'infirmité du jugement.

Liée à un travail congestif de désagrégation moléculaire particulier, la *paralysie générale* se distingue par la lenteur de son incubation. L'inconsistance morale, l'infidélité des souvenirs, l'obscurcissement du sentiment de la réalité, le relâchement de la circonspection, les négligences renaissantes, une infatuation sereine, une irritabilité puérile en sont les prodromes. En raison des progrès de la désorganisation intime de la substance cérébrale, et, de front avec des signes physiques tels que l'embarras de la parole, le tremblement des extrémités, l'irrégularité des mouvements, se produisent les troubles intellectuels de l'affection confirmée : projets aventureux, idées ambitieuses, incohérence maniaque, rêverie béate. L'asthénie, l'abolition de la contractilité musculaire, celle du sentiment de l'existence marquent le degré ultime de la dégradation.

L'état stupide consiste dans une entrave apportée au fonctionnement cérébral variant depuis la suspension jusqu'à une simple hébétude avec pénurie des idées. L'obtusion est ici le phénomène principal. Des hallucinations jettent, de temps à autre, un jour douteux et faux dans le chaos au fond duquel l'entendement reste plongé. Elles sollicitent l'éclosion de conceptions habituellement terrifiantes, et peuvent entraîner comme conséquence des impulsions irrésistibles auxquelles, dans leur impuissance à réagir, les malades cèdent automatiquement. — Obtusion, hallucinations, engourdissement de la réflexion, tendance à l'automatisme, tel est le fond de toutes les formes mentales (lypémanie, mélancolie, délire épileptique, hystérique, puerpéral, toxique ou autre) qui se rattachent au type générique, désigné sous le nom de *stupidité*.

Parmi les aliénations à délire partiel il en est une qui, en raison de la diffusion du délire, peut servir de trait d'union entre la classe qui précède et celle à laquelle elle appartient; classe dont le trait fondamental consiste dans l'intégrité du fonctionnement syllogistique, et de laquelle le délire circonscrit et systématisé de la monomanie offre le type absolu.

Cette forme intermédiaire sur laquelle les recherches de M. Delasiauve ont répandu une vive lumière, et qu'il a décrite sous le nom de *pseudo-monomanie*, a pour caractères essentiels de se traduire par des sensations désordonnées, des conceptions étranges, des entraincments funestes changeant d'objet au gré du hasard, devenant tyranniques, surtout dans la solitude, et exerçant sur l'entendement une fascination intolérable, tout en laissant à la généralité des malades la libre conscience de leur fausseté et la juste appréciation de leurs dangers. — Dans son traité de la *folie lucide*, M. Trélat a signalé un grand nombre de faits qui s'y rapportent expressément.

La *monomanie* pure diffère. Produit d'une influence plus ou moins occulte d'ordre communément moral : préoccupations ardentes, déceptions, jalousie, habitudes ascétiques, passions concentrées, etc.; parfois physiologique : impression physique, illusion d'un songe; pathologique dans certains cas : affection psycho-cérébrale antérieure, pseudo-monomanie ou alcoolisme en particulier, l'idée fausse s'implante sourdement dans l'esprit. Durant un laps de temps variable, elle s'y maintient dans un isolement presque complet. Longtemps elle demeure, avant d'être décidément acceptée. Puis, les faits contingents qui gravitent autour d'elle deviennent pour le malade les matériaux d'un édifice fantastique construit sur la base de la conception morbide dont il est poursuivi et opprimé.

La contexture serrée de cet échafaudage, et l'impossibilité de le rattacher aux conditions réelles de la vie fournissent un contraste qui imprime au système le cachet de sa nature délirante.

Ces diverses formes mentales, auxquelles il faudrait ajouter l'*idiotie* à ses divers degrés : insuffisance, mobilité, imbécillité, nullité complète, correspondent à l'existence dans les centres nerveux de lésions distinctes, éphémères ou durables, tenant sous leur dépendance les symptômes de l'affection.

Les modifications soudaines, dont l'état somatique est susceptible, renferment donc la cause et donnent la raison des exacerbations ou des rémittences qui s'observent dans les manifestations extérieures.

Inévitables, nécessaires, fatales comme l'est toute conséquence immédiate d'une lésion organique, ces manifestations sont pourvues encore de la propriété essentielle de tout symptôme : la fortuité.

Or, incohérence, disparate des idées dans la manie, infirmité, impuissance du

nctionnement mental dans la démence, conceptions chimériques et sans lien
ns la paralysie générale, obtusion hallucinatoire et impulsions instinctives dans
stupidité, sensations désordonnées et entraînements étranges avec conservation du
nctionnnement syllogistique dans la pseudo-monomanie, systématisation du délire
r un ordre de faits circonscrit, avec l'idée fixe pour clef de voûte, dans la mono-
anie pure, tels sont les caractères spécifiques des divers types connus de l'alié-
tion.

C'est à l'un quelconque de ces caractères que l'erreur de l'aliéné emprunte la
rme sous laquelle elle se manifeste.

Expression symptomatique, l'erreur pathologique participe à la double propriété
 tout symptôme. Elle est *fatale* et *fortuite*. Fatale parce que, au même titre que la
uleur, la rougeur, la chaleur, la tuméfaction dans le phlegmon, par exemple,
le émerge d'une lésion organique. Fortuite parce que, pas plus que pour la douleur,
rougeur, etc., du phlegmon, la logique ne préside à son apparition.

Dans l'ordre physiologique, quels sont les attributs de l'erreur? — Les instincts,
s sentiments, les affections y sont sujets. Instincts, sentiments et affections attei-
nent dans l'état passionnel l'apogée de leur puissance. Dans l'état passionnel,
rreur acquiert donc sa plus parfaite évidence, son relief le plus accusé. C'est là
'elle se prête le mieux à l'examen.

Haine, amour, jalousie, cupidité, vengeance, colère, la passion, quel qu'en soit le
obile, a un objet défini. Il existe entre ses effets et sa cause une série de rapports
giques que l'erreur, si elle s'y glisse, subit à son tour sans y pouvoir échapper.

De plus, la passion se concentre sur un ensemble de faits variablement, mais tou-
urs plus ou moins déterminé.

Il en est de même de l'erreur qu'elle comporte.

Si violente qu'on la suppose, la passion n'est pas, de sa nature, tellement vivace
ue le temps ne l'émousse, ni tellement sourde que l'appel opportun à des ten-
ances divergentes n'en puisse modifier, ou tout au moins suspendre le cours.

L'erreur qui gît en elle suit dans ses manifestations propres une fluctuation corré-
tive.

Les péripéties que la passion traverse impriment à l'erreur qui s'y mêle un carac-
re d'hésitation, d'incertitude, de versatilité qui favorise l'ajournement des déci-
ons qu'elle provoque, et la différentie, avec la netteté la plus parfaite, de l'erreur
athologique.

Accessible à la réflexion, l'état passionnel est, sans s'éteindre, de nature à s'en-
ayer.

L'erreur qu'engendrent les paroxysmes, alors, s'évanouit.

Enfin, il se peut que la passion, avec ses conséquences les plus excessives, cons-
tue le dénouement logique d'une situation intolérable. L'erreur qu'elle entraîne,

en ce cas-là, n'a pas de frein. Le sujet parvient à un état anormal en soi, et, à proprement parler, extra-physiologique. Les effets y dépassent les causes. Les conséquences les plus extrêmes des principes y sont accueillies avec prédilection. Les délibérations y sont brèves. Instantanément, l'exécution suit. Mais, si c'est une logique outrée qui décide des actes, c'est la logique encore. Les mobiles des actions n'ont rien de fictif. Les limites de la réalité ne sont pas franchies. Le domaine de la fantasmagorie morbide reste inexploré.

Ce *processus* de l'erreur compatible avec l'état physiologique de l'organisme, ne la distingue-t-il pas nettement de l'erreur symptomatique d'un état psycho-morbide quel qu'il soit?

Et est-il besoin d'insister pour faire admettre que les excès commis au cours des événements analysés par M. Laborde, appartiennent, dans leur ensemble, à l'ordre passionnel, et non à l'ordre pathologique?

Qu'il y ait eu des aliénés parmi leurs fauteurs, voilà qui est de toute évidence, et qui — bien plus — ne pouvait être évité.

Lorsque, avec M. Moreau de Tours, son maître, M. Laborde reconnaît comme prédisposés à la folie la plupart de ceux qui, sous l'influence des derniers événements, en ont été atteints, il apprécie à sa juste valeur le mode de cette influence.

Mais lorsque, dans la loyauté de son appréciation, il donne à entendre que le mobile sous l'empire duquel se sont accomplis les derniers événements était de nature psycho-pathique, il se méprend, et sur la cause première, et sur le caractère fondamental du mouvement.

Population de fous! celle qui, dix-huit mois durant, ne répondit que par une sarcastique ironie aux incessantes provocations à la discorde, organisées avec la mise en scène brutale et grotesque que l'on sait, par un pouvoir aux abois.

Population de fous! celle qui, après avoir opposé l'expression formelle de ses aspirations pacifiques aux stupides cris de guerre que des voix stipendiées hurlaient par les carrefours, n'hésita pas, au lendemain des plus cruels désastres, à transformer la cité en camp retranché, à s'armer et à tenir tête audacieusement à l'invasion.

Population de fous! celle qui, bloquée pendant cinq longs mois, séparée du monde entier, ruinée dans ses plus chers intérêts, réduite à une alimentation insuffisante et défectueuse, en proie aux souffrances d'un hiver exceptionnellement rigoureux, décimée à la fois par une épidémie qui poursuivait imperturbablement sa marche et par le plus inique des bombardements, n'eut pas une récrimination, pas un murmure, pas une plainte.

Si, ... elle se plaignit. . . . . Elle se plaignit de la pitoyable mollesse que l'on mettait à la conduire à l'ennemi.

Et, lorsque fallacieusement déguisées sous l'euphémisme d'armistice, les rigueurs de la capitulation s'imposèrent inexorables, elle fut capable encore de maitriser la ige qui gonflait toutes les poitrines, étincelait dans tous les yeux. . . . . Et lorsque, our comble d'ignominie, elle vit la présence de l'étranger souiller son enceinte où a brèche n'avait pas été faite, où l'assaut n'avait pas été donné, avec ce tact exquis e l'opportunité qui la distingue, elle se fit, retenant les bras trop nerveux, protec-ice de son propre vainqueur.

Mais, du jour où, pour prix de tant d'abnégation, de tant de sacrifices, elle se vit ise en suspicion au sein même des Conseils suprêmes de l'État, du jour où l'écho i parvint des injures dont on abreuvait les hommes qui s'étaient conquis son estime, u jour où elle comprit qu'on allait lui contester ce qui avait soutenu son courage, e qui faisait sa dignité, ce qui était *toujours* son espoir, oh! de ce jour-là, elle essentit la plus poignante engoisse qu'il ait été donné peut-être à aucun peuple éprouver! — Est-ce qu'on allait attaquer la République, à présent? — Coûte que ûte, il s'agissait de la défendre! . . . .

— De là, l'explosion furieuse des uns, l'acquiescement tacite des autres.

« A la suite d'événements que je n'ai pas à apprécier en eux-mêmes, dit M. La-orde (p. 38), dans la première capitale du monde où grouillent et s'agitent toutes s *perversions*, toutes les *ambitions*, toutes les *folies*, on vit disparaître tout à coup gouvernement de la chose publique, et tous les pouvoirs devenir vacants. . . . Pour us ceux qui *rêvent* un pouvoir, — et Dieu sait s'ils sont nombreux! — l'occasion t-elle jamais plus belle? . . . . »

Cet éloignement systématique, puis cet abandon soudain de la capitale par les ouvoirs constitués, voilà bien en effet l'erreur maîtresse; — elle est d'ordre physio-gique, apparemment, celle-là? — de laquelle toutes celles qui ont suivi sont autant e conséquences terribles, mais logiques.

Dans quelle agglomération de deux millions d'hommes ne verra-t-on pas, tous les ostes devenant vacants, s'y précipiter les irréfléchis, les ambitieux et les cupides? N'est-ce pas convier à la curée, que d'ouvrir grande la porte à tous les appétits? Partout et toujours, au premier rang des démonstrations houleuses des foules, on encontrera ces personnalités déclassées ou réfractaires à tout classement qui foison-ent dans les grandes villes. Mais ces gens-là, avec beaucoup de bonheur et des irconstances propices, parviennent tout au plus à faire une émeute. Leur souffle évolutionnaire ne va pas au delà. Or, une émeute se réprime, parce qu'une émeute 'a pas de racines dans l'esprit public, et qu'elle n'est autre chose que l'exploitation, u profit des turbulents, de quelque actualité sans consistance.

Pour l'origine des ferments d'une guerre civile, c'est ailleurs et plus haut qu'il la aut chercher; et si le soulèvement compte parmi ses plus ardentes recrues les xaltés de toute sorte, ceux-là seraient par leurs propres forces parfaitement impuis-ants à le déterminer, encore moins à lui conférer sa véritable portée. La violence de

leurs agissements hausse de quelques tons le diapason de la surexcitation générale.
Rien de plus.

Quant aux pouvoirs, dans un État en proie aux déchirements de la guerre civile,
ils se trouveront toujours et forcément placés dans l'alternative, ou bien de discerner
vite ce qu'il y a de juste dans les revendications et d'y faire droit en composant sur
les bases d'une transaction honorable, ou bien de se résoudre à affronter les éventua-
lités les plus redoutables.

C'est alors bien moins aux exaltés et aux excentriques qu'il conviendra d'attribuer
la catastrophe, qu'aux influences ténébreuses qui, ayant eu tout le temps de s'immis-
cer dans le mouvement, le font dévier et aller à mal de propos délibéré, le pressurent
au profit d'intérêts occultes également hostiles aux belligérants.

Là, et non autre part, est le secret des écarts inouïs dont nous avons été témoins.

L'aliénation, sans doute, y a joué son rôle; mais ce rôle n'a pas été prépondérant
comme celui de la déraison guidée par la duplicité.

—- Rien de dangereux autant que cette propension à voir la folie dans tous les
éclats passionnels des hommes. Rien surtout de paradoxal et de gratuit autant que
cette doctrine qui relègue le génie humain sur les confins de l'insanité.

Au retour d'une visite à Bicêtre, on met dans la bouche de Napoléon Ier l'apho-
risme que voici : « Il n'y a pas entre le cerveau d'un sage et celui d'un fou l'épais-
seur d'un petit écu. »

Eh bien, l'idée est fausse, fausse comme tout le système dont cet homme, dans sa
forfanterie monstrueuse, avait jeté au monde le défi de porter, à lui seul, le poids.

« La légende est ce qui nous perd, » proclamait, il y a peu de jours, du haut de la
tribune, un abondant orateur. — Ne nous lassons donc pas de discréditer celle-là.
Elle serait funeste à l'essor progressif de l'entendement de notre espèce.

Les œuvres du génie portent la marque d'une pondération rigoureuse entre les
aptitudes dont le cerveau de l'homme est doué. La pondération des aptitudes cérébrales place l'homme aux antipodes de la folie, parce qu'elle amplifie et aiguise à
merveille son discernement, et que la sûreté du discernement le dote d'un puissant
contre-poids aux prédispositions personnelles que sa nature peut recéler, comme
aux causes occasionnelles qu'il plaira au hasard de semer sur son chemin.

Il y a plus; dans le torrent des passions, qu'elles soient égoïstes ou sociales, le
discernement est la boussole qui permet d'éviter l'écueil de leurs excès.

Si l'on veut épargner aux générations de l'avenir le lugubre retour de conflits
comparables à ceux que nous déplorons, force est donc de chercher le remède là où
il est en réalité.

La vraie prophylaxie consiste dans l'éducation normale du citoyen.

Avec une haute raison, M. Chappuis a montré, grandis par la lutte, les hommes
qui s'y étaient consacrés avec l'ardeur désintéressée d'un patriotisme éclairé. Il faut,

en vulgarisant les vertus civiques, rendre vulgaire et de tous les jours le grand exemple que ces hommes-là ont laissé.

Les tentatives d'*immobilisme* auxquelles on s'est livré durant quelque vingt ans en ce pays, au grand détriment de la nation, ont donné leur mesure. Le délaissement de la chose publique n'engendre rien qu'un scepticisme énervant ou qu'un quiétisme trompeur. Un jour vient que le fruit des instigations coupables de quelques-uns et du honteux affaissement du plus grand nombre se détache. Il a nom : *plébiscite*, et c'est la signature de sa propre abdication. La guerre insensée, l'invasion, les massacres, les incendies, le morcellement, la ruine, l'abaissement de la patrie, voilà les germes qu'il contient.

Le réveil est horrible, la réaction fiévreuse; cela va de soi.

Ce n'est pas au repos que la société moderne aspire, c'est au travail. A défaut de la mansuétude immense, dont tout le monde pourtant aurait grand besoin, et qui serait de la part de chacun la preuve la plus haute de moralité, ce dont elle a soif, cette société, c'est de stricte, d'égale justice, c'est d'éducation répandue à flots. Ce qu'il lui faut, c'est la salutaire agitation de la liberté, c'est la participation effective de chacun, dans la mesure de son intelligence, de ses connaissances, de ses forces, aux charges publiques et aux affaires du pays ; c'est, en un mot, la pratique pour tous des devoirs et des droits sociaux que comporte la République.